우계음집(雨季吟集)

지성.감성의 메타언어
조선문학사시인선.919

우계음집(雨季吟集)

박 진 환 제475시집

조선문학사

■ 책머리에_시인의 말

그리움에 충실하고 싶어

　시집 『우계음집(雨季吟集)』은 젖은 가슴의 기록이란 뜻쯤이 된다. 젖은 가슴만이 이끌어낼 수 있는 우수(雨愁)나 우수(憂愁)의 산물인 그리움에서 시를 촉발시켰기 때문이다.
　그리움에 대한 나름의 생각은 갖고 있다. 하나는 먼저 간 아내가 남겨주고 간 유산이 '그리움'이라는 생각이고, 다른 하나는 '우리들이 쫓겨나지 않아도 되는 유일한 낙원은 그리움'이라는 J. 파울의 지론에 동의하고 있기 때문이다.
　가슴을 적시는 우계, 우계의 우산 속에서도 젖어버린 가슴이 환기하는 우수(雨愁)나 우수(憂愁)는 그리움을 소환하기 일쑤다. 나는 소환된 그리움을 사랑하고 그리워할 수 있는 가슴의 자장(磁場)을 사랑한다.
　소이는 아내가 남겨주고 간 유산이 그리움이었고, 그리움은 낙원에 살 수 있는 영주권이 되어 고분지통의 슬픔을 극복 내지 승화시켜 주는 내 마음과 가슴의 주어가 되어주었기 때문이다.

솔직히 말해 고분지통에의 충실은 내 감정에의 충실이었고, 나는 그런 충실을 마다하지 않고 벗하며 살아가고 있다. 그리움으로 과거를 소환해 보는 일, 그리움의 승화로 고마움과 사랑을 일깨워 보는 일이 아픔과 슬픔에서 벗어나게 하는 정신적 카타르시스를 가져다 주었기 때문이다.

『우계음집』은 이런 소이로 해서 '그리움집'쯤이 되고, 그리움이란 정서에의 충실쯤이 된다. 고분지통은 간 아내에 대한 감사와 고마움과 사랑을 환기시켜 아픔과 슬픔에서 벗어날 수 있게 해주었고, 그 역할은 그리움의 몫이었다는 점에서 나는 그리움을 사랑했고, 그리움에 충실했다.

앞으로도 그리움이 자장하는 한 그리움에 충실하고 싶다.

2024. 盛夏
저자 씀

우계음집(雨季吟集) 차례

책머리에_시인의 말 / 5

감사 / 11
감사로 산다 · 1 / 12
감사로 산다 · 2 / 14
감사로 산다 · 3 / 16
감사하며 산다 / 18
고분지통(叩盆之痛) / 19
고분지통 앓이라니 / 20
그렇구나 / 22
그리움 방출처 / 24
그리움에 감사한다 · 1 / 25
그리움에 감사한다 · 2 / 26
그 말이 옳을지도 / 28
기다림 / 30
날개 / 32
날갯짓 하네 / 34
날갯짓 한다 / 35

내 가슴에 있다는 연유로 / 36
노랫말 에덴 파라다이스 / 37
뉘우침 없지 않다 / 38
다시 쓴 2년 전 일기 / 40
동행·1 / 42
동행·2 / 44
두 분 여인 / 46
두 아픔 한 가슴에 지녀서 / 47
등에 하고 산다 / 48
마음의 안부 / 50
먼 고향이듯 / 52
∞ / 53
? ? / 54
미처 몰랐어 / 56
부질없음의 행복한 미소 / 58
불효 / 60
불효자는 웁니다 / 62
비 오는 날·1 / 64
비 오는 날·2 / 66
사랑 말고 / 68
산에 걸린 옛길 / 70

상쇄했다 / 72
슬픔에서 고마움까지 / 74
신촌 세브란스 암병동을 지나며 / 76
쌍생아 / 78
아내여 감사한다 / 80
아내의 일기장을 읽고 / 82
어머님을 선영으로 모시면서 / 84
에덴 파라다이스·1 / 86
에덴 파라다이스·2 / 87
에덴 파라다이스·3 / 88
에덴 파라다이스·4 / 90
에덴 파라다이스·5 / 92
영통의 언어 / 93
옛길을 걸으며 / 94
우수로 가는 길 / 95
울울하다 / 96
유심 동행 / 98
이러했던 것을 / 100
이런 날엔 / 101
이름 하나 얼굴 하나 / 102
이리 듣고 싶을 줄이야 / 104

이장(移葬) / 106
잘 살고 있소 / 108
장마철 내내 / 110
저물녘 / 111
정신으로 말하기 / 112
젖어보면 안다 / 114
주말기(週末記)·1 / 115
주말기(週末記)·2 / 116
주말께면 / 118
주말의 시·1 / 119
주말의 시·2 / 120
주말의 시·3 / 122
주말이면 / 124
처방전 될 듯싶어서 / 125
하늘과 땅과의 거리 / 126
학의 노래 / 128
한 마리 짐승 / 129
한 마리 짐승이다 / 130
허용 안 될 이유 없을 듯싶어서 / 132

감사

매일을 반복하는 침묵에 드는 시간이다
짧게는 저녁 7시에서 9시까지
길게는 7시에서 10시 반까지
하루도 빠짐없이 묵상에 든다

듣기 좋게 묵상이고 선에 든 참선이고
도를 닦는 일도 되는
내가 나로 돌아가 보는
1일 삼성의 자정의 시간이기도 하다

발설로는 할 수 없는 침묵으로 하는 말이 있다
잘 보내진 하루에 드리는 감사
어머니와 아내에 대한 감사
헛발질 없었던 스스로에게 건네는 감사다

감사할 수 있는 시간도 행복하다
받는 감사가 아닌 드리는 감사이기 때문이다
마음으로 드릴 수 있고
침묵으로 건넬 수 있는 감사는
받는 감사의 천 배 만 배보다 값짐 때문이다

감사로 산다 · 1

아침 출근 때마다 어머니 사진 앞에 서서
"무탈히 잘 다녀오겠습니다" 인사를 한다
아내 사진 앞에서는
"여보 잘 다녀오리다"라고 출근한다

출근이라 해봤자 3층에서 2층
사무실로 내려가는 일이다
계단은 고작 16계단 출근이랄 것도 없지만
꼭 인사를 드리고 현관을 나선다

2층에서 3층으로 올라오는 것이 퇴근이다
역시 방에 들어서면 어머님께 먼저
"어머니 잘 다녀왔습니다" 보고를 드리고
아내에게도 "잘 다녀왔다"고 보고한다

좋은 일은 상세히 말씀드리고 궂은일은
마음에 담아 접어버린다
이렇게 매일을 소통하고 사니 내 독거는
독거 아닌 어머니와 아내와 함께 사는 것이 된다

꿈을 꾸면 꿈 이야기도 하고, 친척들 이야기며
아들딸 이야기도 잘한다
이야기를 나누다 보면 생전이나 지금이나
다를 것이 없다는 느낌을 갖게 된다

무탈하게 잘 보내진 하루에 감사하고
어머니와 아내에게도 감사한다
감사하고 사는 일이 행복에 값한다고 믿고
믿음 삼아 감사로 산다

감사로 산다 · 2

오랜만에 써야할 평문이 있어
펜을 들었더니 눈이 따라주지 않는다
왼쪽 시력 제로 직전
짝눈의 언밸런스 시력이 펜에 쥐가 나게 한다

안약을 넣고 돋보기를 쓰고
안간힘을 해보지만 집중이 되지 않는다
집중이 되지 않으니 문맥이 산만하고
산만하니 논리가 고재(高哉) 못 면한다

체력도 체력이지만 시력이 문제다
눈을 마음의 등불이라 했던가
등을 밝힐 수 없으니
어둠에 묻혀 문맥이 길을 잃는다

이래가지곤 글 다운 글쓰기는 글렀다
다행히 운문이 주된 장르에서
평문보다는 고통이 덜한다
망가졌다고 생각하니 인간 폐품이다

그간 잘 버텨준 건강이며 시력에
감사하자
아직도 평필에 도전할 수 있는 의욕에도
꺾이지 않는 필력에도 감사하자

감사로 산다 · 3

간 아내에게 감사한다
슬픔과 아픔의 고분지통을
감사로 바꾸게 해준 깨달음을
일깨워 주었기 때문이다

함께 했던 60년에 감사하고
가정과 가족을 위해 최선을 다한 헌신과
희생에 감사하고
사랑과 봉사에의 충실에도 감사한다

또 하나 감사할 것이 있다
유산으로 그 많은 그리움을
남겨주었기 때문
남겨주어 낙원에서 살 수 있게 해준 때문이다

낙원에서 추방되지 않고 살아갈 수 있는 유일을
그리움이라 한 장 폴의 말에 동의한다
퍼내도 퍼내도 바닥을 드러내지 않는 그리움은
사랑의 갈증을 적셔주는 오아시스의 샘물이다

사랑을 진선미라 한 말을 아직 접하지 못했지만
그리움을 진선미라고 말하고 싶다
그리움이 곧 사랑이고
사랑이 바로 진선미의 총체이기 때문이다

감사하며 산다

문뜩문뜩
떠오르는 생각이 있다
문뜩문뜩 보고 싶은 얼굴이 있다
문뜩문뜩 불러보고 싶은 이름이 있다
문뜩문뜩 보고 싶은 그리움이 있다
문뜩문뜩 젖은 마음으로 아파하는 슬픔이 있다

하늘이 맺어준 연으로 함께 살다가
어느 날 홀연히 유명을 달리한 소천
하늘의 부르심에 감사하고
함께 고락을 같이 했던 사랑에 감사하고
살아생전 마다하지 않은 희생에 감사하고
아내로써 엄마로써의 헌신에 감사한다

그리움과 감사를 유산으로 남겨주고 간
그리움만이 낙원에서 쫓겨나지 않는
유일함이라 했던가
낙원에서 살게 해주고 부와 풍요를 주고간 유산
그리움도 아픔 슬픔도 행복의 조건으로 주고간
당신의 음덕에 감사하며 산다

고분지통(叩盆之痛)

아내의 소천 2주기
아팠노라 슬펐노라 허무했노라
아프고 아팠노라 슬프고 슬펐노라 허무하고 허무했노라

아프고 아프고 또 아팠노라
슬프고 슬프고 또 슬펐노라
허무하고 허무하고 또 허무했노라

절망하고 절망하고 또 절망했노라
분노하고 분노하고 또 분노했노라
좌절하고 좌절하고 또 좌절했노라

절통하고 절통하고 또 절통했노라
미치고 미치고 또 미쳤노라
환장하고 환장하고 또 환장했노라

형기 없는 형벌 고분지통

고분지통 앓이라니

그중 가까운 곳
내 안에 있으면서도
그중 먼 곳
하늘나라에 있으니
멀고 가까움이 마음먹기에 따라
달리 척도되는 것을

어떤 날은 함께 있다가도
또 어떤 날은
가 닿을 수 없는 곳에 있어
그리움으로 길러온 깃털 고운
새 한 마리 날려 보내기도 하고
사육해온 살찐 천리마를 달려 보내기도 하는

오늘같이 눈이 오는 날에는
창가를 서성이며
마음으로 발자국 찍어
먼 곳 에덴 파라다이스를
다녀오기도 하고
다녀와 한 잔의 커피로 노독을 달래기도 하는

아픔은 삭히고
슬픔은 달래고
그리움은 방목하고
고독은 숙성시켜 깨물어보는
자가 치유에 어지간히 익숙해졌지만
못 면하는 종신지질 고분지통이라니

그렇구나

그래
사사로운 정으로야 어찌
고분지통탄을 면할 수 있겠는가마는
하나님의 부르심에 응한 소천을
슬픔으로만 받아들일 수 있겠는가

보내는 마음 슬픔과는 달리
떠나는 쪽에서는 축복일 수도
살아생전 하나님의 부르심을
구원으로 믿었던 아내의 신앙으론

생각 바꾸어 보면
아내는 하나님 나라에서 행복한 것을
사사로운 정분으로 슬픔에 겨움이었거니
그걸 미처 깨닫지 못한 것이
되레 슬픔이었던 것을

그렇구나
떠나는 마음 좇아 보냄이 또한
도리였던 것을

하늘의 이치도 다름이 아니었던 것을
이제사 소천의 의미를 깨닫는 미련함이라니

그리움 방출처

주말이면 어김없이 자장하는
그리움
아직도 충전할 수 있는, 충전해 방출할 수 있는
가슴을 나는 사랑한다

가슴 없었던들 그리움 지닐 수 있었겠으며
그리움 지니지 않았던들 그리움만이 에덴에서
추방되지 않는 거주조건 충족할 수 있었겠는가

홀로 소천하지 못해
에덴에서 살 수 있는
그리움을 유산으로 남기고 간
당신의 배려에 감사한다

주말이면 도지는 그리움은 에덴을 밝히기 위한
충전, 충전 없이 그리움 방출할 수 있겠는가
당신 계신 에덴 파라다이스나 내 독거가
그리움의 본적지이자 그리움의 방출처인 것을

그리움에 감사한다 · 1

시시때때로에서
날마다로
날마다에서 주말로
주말에서 월말로
이러다 1년에 두 번
추석과 설에만 찾게 되는 건 아닐지

한사코 멀어진다고 느껴지는 생각
멀어질수록 더 가까워지려는 마음
그리움
아득할수록 마음에서 갈기로
갈기에서 날개로 띄워 보내는
그리움

그리움이 있는 한 낙원에서 쫓겨나지 않는다는
그리움은 낙원에의 입주조건
낙원의 주인 입주장 낙원장이 되는
소천의 천상계는 못 돼도 지상계의 파라다이스
낙원에 살게 해준 당신이 남겨 준 유산
그리움에 감사한다

그리움에 감사한다 · 2

불면의 밤은 2시 30분
사경을 헤매는 아내를 두고
뜬눈으로 지켜보고만 있어야 했던
2년 전 5월 2일 밤
입원하지 않겠다는 아내를 두고
입원해야 한다며 벌였던 언쟁이
마지막이 될 줄은 몰랐던 바보스럼

아침이 되자마자
자식들 동행으로 병원으로 보내면서
시야에서 벗어날 때까지
눈물로 보내야 했던 무기력이
두고두고 아픔이 될 줄이야
"잘 다녀와" 한마디만 했었던들
이리 후회는 되지 않았을 것을

마지막이 될 줄로 짐작하면서도
한마디 말도 없이 침묵으로 보내야 했던
그 침묵이 죽는 날까지
평생의 아픔이 될 줄을 어찌 알았겠는가

불면의 밤을 지새면서 떠올리는
2년 전 5월 2일 밤의 아픔이
낙원에서 추방되지 않는 그리움이 될 줄이야

그 말이 옳을지도

그래
그 말이 옳을지도
독거에 처박혀 우울증이나 앓으면
간 아내가 싫어할 것이란
지인의 말

활동도 활발하게
삶도 즐겁게
생각도 건강하게
사는 모습 보여야
간 내자도 좋아할 것이란 말

흘려 들었더니
생각 바꿔보니 이치에 닿기도
하나님이 부르셔서 갔으니
즐거운 마음으로 보내고
남은 독거도 즐거이 살아야 한다는 말

그래
그 말이 옳을지도

매사 긍정적으로 받아들이고
긍정적으로 사는 일이
먼저 간 내자가 바라는 바일 거란 말

기다림

바라보거나 우러러보며 잠기는
첨상(瞻想)은
저물녘 어스름이면 도지는 병이다

부질없다는 걸 알면서도
알면서도 기다려지는 부질없음
점점 깊어가는 중증이나 아닐지

딱히 갈 곳도 없지만
오란 곳 또한 있는 것 아니다
그래선가 대신 기다림이란 것이

기다리며 밤을 새운 적도
밤을 새워 기다린 적도 있었지
지금은 가버린 날의 언제였던가

'님이 오마더니 달 지고 샛별 떴다
속이는 그대가 그르냐 기다리는 내가 그르냐
이후에야 아무리 오마한들 믿을 줄이야 있으랴'※

옛분들 기다림이나 신식 기다림이 다르지 않을 듯
기다려도 소용없는 기다림이라고 다르랴
인지상정이란 게 같은 것을

※ 청구영언(靑丘永言)에 수록된 시편.

날개

욕망의 욕망은
더 멀리, 더 높이 날고 싶어한다
그럴수록 욕망의 무게는
계절도 없이 웃자란다

지성의 톱날을 지니기 전엔
가지치기는 불가다
톱날 대신
순수의 숫돌에 칼을 갈 일이다

한 가지씩 베어냈을 때
순수의 무게는 배가 되고
배가 되어 바위의 무게가 된다
날개는 이 무게 앞에서만 깃을 펼친다

비상의 기술과 함께
낙법의 연습도 해둘 일이다
날음과 추락은 항시
동반관계이기 때문이다

겨드랑이가 간지럽다
깃털이 제대로 자랐음이다
무게를 더할수록 순수의 중량은
날개를 자극한다 날자 더 멀리 더 높이

날갯짓 하네

둘이서 걷던 길 피고 지던 벚꽃길
지는 꽃잎 비로 내려 가슴 적시던 벚꽃길
봄 되면 꽃은 다시 피어 가슴 적시겠지만
홀로 걸은 발자국마다엔 외로움 밟히네

눈 들어 멀리 바라기하면 능선에서
능선으로 이어지는 보현사 길은 진달래길
둘이서 걷던 옛날이 그리움이듯 꽃으로 피네
피어 그리움이듯 나를 부르네

가버린 날들마다 돌아보면 꽃길이듯
외로움 한 잎 그리움 한 잎 꽃잎으로 피어 밟히네
그 꽃길 오늘은 가슴으로 발자국 찍으며
혼자서 걷고 있네 외로이 날갯짓 하네

날갯짓 한다

아득함이 어찌하여 그리움이 되는가
가 닿을 수 없음이고 가 닿을 수 있는 것은
오직 그리움뿐이기 때문

발 없이도 천리를 내닫을 수 있고
날개 없이도 만리에 가 닿을 수 있는
그리움 있어 아득함 마다않고 벗한다

인사이면서도 인사를 넘어선
넘어서고도 인사론 가 닿을 수 없는
바라기하는 소천(召天)

그리움 있어 백조로 날려 보내기도 하고
갈기 세운 백마로 풀어 보내기도 하는
가 닿을 수 없어 향수하는 저쪽

에덴 파라다이스에 가지 못하는 날엔
향수의 거리서 백조·백마를 놓아 보내며
주말의 허한 가슴으로 날갯짓 한다

내 가슴에 있다는 연유로

당신은 이 세상 어디에고 없다
단 한 곳 내 가슴에 있다
있어 그리움이 되고 보고픔이 되고
사랑이 되고 슬픔과 외로움이 된다
어찌하여 없음으로 있음이 되고
되어 아픔이 되고 잊지 못함이 될까
있고도 없음이 되고 없고도 있음이 되는
부재와 실재를 넘어선 곳에 존재할 수 있는 당신
어찌 반상합도만으로 돌려 버리겠는가
실재가 아니면서 실재보다 아름다운 환영
환영인 줄 알면서도 실재보다 간절함은 또 무엇
어찌하여 무가 유보다 그리운 것이
될 수 있으며 되어 외로움이 되는가
슬픔이면서 슬플수록 아름다움이 되고
아픔이 되고 고통이 되는 소이는 또 무엇일까
알 수 없어라, 알 수 있는 것은
이 세상 어디에고 당신은 없으면서
내 가슴에 있다는 연유로 이러하다는 것뿐

※ 반상합도(反常合道) : 상식에는 반하나 도의 경지에서는
합당하다는 불교 용어.

노랫말 에덴 파라다이스

주말 날씨 맑으면
먼 곳으로 떠도는 그리움
꾸무럭 궂으면
안으로 파고드는 울울증
이래도 저래도 도지는 가슴엣병
피해 갈 수가 없음이구나

몇 주를 걸렀더니 길을 잃었다
그리움도 떠날 채비 치워 들어앉고
울울증도 보채다 포기한 듯 주저앉았다
둘 다 길들이기 마련
더러는 고삐 놓아 방목 해봄 직도
더러는 깃털 접어 쉬게 해봄 직도

떠나지 못한 나들이 대신
노랫말에 얹어 중얼거려 보지만
악보 없이 부르는 노래여서 서툴기만
작곡가에게 의뢰 곡을 붙여야겠다
「에덴 파라다이스」
세미클래식이면 좋을 듯도

뉘우침 없지 않다

모을 때는
서가마다 채워지는 장서의 기쁨을
만끽했었다
버리면서 아깝고 서운했다
가득 차면 비우기도 하는 법
모을 줄만 알고 버릴 줄 몰랐던
미련을 이제사 깨닫다니 늦철듦이다

한 권 한 권 아끼며 모은 책들은
내가 소유했던 전 재산목록들
불간서적은 못 돼도
내가 좋아하고 아끼고 소중히 간직했던
딴엔 보물같았던 장서들을
리어카에 실려 폐품으로 버리다니
쉽지 않은 결정이었다

젊은 시절
연탄 백 장 값을 술로 마셔버리고
서운함을 달래기 위해
월간지 한 권을 사들고

서운함을 상쇄했던 날들이
주마등처럼 추억 저쪽
낡은 필름으로 돌아간다

유독 책에 욕심이 많았던
내자의 읽을거리보다 내가 우선이었던
이기적 장서 취미가 악취미나 아니었는지
돌이켜보면 간 아내에게 미안해진다
버리면서 비우기를 배우는
늘그막에 드는 철
진즉에 철이 들었던들 뉘우침이 없지 않다

다시 쓴 2년 전 일기

2년 전 이맘때쯤
아침 7시의 바람은 쌀쌀했다
금식에 병원 셔틀버스를 타고
하루도 빠짐없이 방사선 치료를 받던
그때 일들이 너무도 생생히 떠오른다

1개월여의 치료에도 잡히지 않자
주치의는 "재수없네" 했다
마지막 희망을 걸고 최선을 다했는데
보람이 없다는 자신의 푸념이었다
그때 짐작은 했지만 의술로는 불가능이었다

기대가 무너지면서 하루하루 죄어오는
불길한 예감이며
달리 방법이 없다는 무력감은
피를 말리는 고통으로 한계에 직면했다
아내의 체념은 절망 자체였다

그때의 불안·긴장·초조를
극복될 수 없음을 알고 겪어야 했던

차라리 형벌이었다
아내의 긴 한숨은 치열한 삶에의 포기가
들어있었던 마지막 절망의 표출이었던 것을

동행 · 1

딸애는 금주에도
엄마에게 가지 못했다며 섭섭해했다
나는 날마다 아내의 사진을 올려다보며
일일 보고를 하는 연고로
섭섭함을 덜곤한다

독거의 삶, 독거 공간을 나서면서
어머니와 아내 사진을 올려다보며
인사를 한다
돌아와서도 같은 인사를 반복한다
특별사항은 브리핑하듯 말로 한다

아내 보낸 뒤로 되풀이되는
내 인사법이다
한데도 주말이면 기다릴 것만 같아
가보지 못한 미안함이 크다
이 또한 내 삶의 일부가 된지 오래다

에덴 파라다이스
나들이할 수 없는 날엔 그리움으로 대신한다

그래야 미안함도 덜고 손에 일이 잡힌다
오늘도 그리움 마음 동행으로
미안함을 덜어본다

동행 · 2

오랜만에 공원 옛길을 걸어본다
날씨가 풀렸음일까 풀려
추위에 쫓긴 긴장에서 벗어났음일까
따뜻한 햇볕이 동행을 자청했다

길은 그대로 옛길인데
다른 것도 있다 동행 없이
홀로 걷는다
대신 가버린 날이 동행해 준다

옛 형무소 벽돌담도 그대로
언덕의 청솔도 그대로인데
홀로 걷는 단독자행
허전코 쓸쓸함이 동행이다

낙엽을 밟던 길은 그늘 길이다
굳이 들어서지 않는 것은
그늘이 싫어서가 아니라
따뜻한 볕이 좋기 때문이다

일부러 길을 꺾어 주차장 옆
운동 삼아 걷던 길을
걸어본다
그날과 보폭을 달리해서인지
한 바퀴도 꼬리가 길다

앉아 쉬던 공원 벤치도 그대로
잠시 쉬면서 무악재를 걸어서 넘던
간이 쉼터 삼던
홀로 넘는 고갯길의 쓸쓸함이 동행해 주었다

두 분 여인

내겐
평생 존경했던 분과
사랑했던
두 분 여인이 있다

모성상인 신사임당도 아니고
연인상인 황진이도 아니다

낳아주시고 길러주신 은혜 갚지 못한 어머님과
사랑한단 말 한번 해보지 못하고 보낸 아내

죽는 날까지 하고 또 해도 다하지 못할
감사합니다 고맙습니다
사랑합니다 그리워합니다
어머님 그리고 당신

두 아픔 한 가슴에 지녀서

외로움이 그리움을 업어 키우는지
그리움이 외로움을 업어 키우는지
둘 다인지는 알지 못한다
알 수 있는 것은 외로움과 그리움이
한 뿌리에서 태어난 두 얼굴이라는 것뿐

어찌하여 하나의 얼굴이
외로움도 되고 그리움도 되는지
되어 외롭고 외로울수록 그리운 것이 되고
그리울수록 외로움이 되는지
실재하지 않는 얼굴이 부재로써 실재가 되는지

주말이면 도지는 가슴엣병 외로움과 그리움
외로울수록 그립고 그리울수록 외로운
둘이면서 하나이고 하나이면서 둘인
하나로도 아픈 가슴인데
두 아픔 한 가슴에 지녀서

등에 하고 산다

죽어도 집에서 죽겠다며
병원행을 거부했던 아내는
입원이 돌아올 수 없는 마지막이란 걸
알고 있었던 듯

하루라도 더 곁에 있고 싶어 했던
그 간절함을
등을 떠밀다시피 병원으로 보내야했던 것이
최선이었고 달리 방도가 없었다

"달리 방법이 없을까?"가
더 살고 싶다는 애원이었던 것을
듣지 못한 척 눈물로 외면하며
눈길을 피해야 했던 피눈물

이러지도 저러지도, 할 수 있는 일이라곤
병원행 밖에 없었던
그것도 병원의 배려를 은혜처럼 감사해야 했던
불행했던 역병의 코로나 시대

아내는 역병 코로나의 울타리를
벗어나지 못하고 끝내 소천했다
억울하고 원통하고 환장했던 고분지통을
운명으로 받아들여야만 했다

아내의 운명을 앞에 하고 바보가 되고
천치가 되고 병신이 될 수밖에 없었던
지금도 그 무력감을 벗어버리지 못한 채
남편이란 아픔의 형벌을 등에 하고 산다

마음의 안부

두둥실 눈으로 보내던 구름을
마음으로 보낸다
무심으로 보내던 것과 달리
유심으로 보낸다

소이인즉 남으로 흘러가기 때문
항시 마음 바라기하는
고향 선영 어머님 계신 곳 에덴 파라다이스
당신이 계신 곳이 남쪽이기 때문이다

마음에 지니는 바 있으면
지니는 바에 따라 무심도 유심으로
눈에서 가슴으로 바뀌기도
어찌 저 두둥실 뿐이랴

마음에 품었다 띄우는
가슴에 지녔다 풀어놓는
백조로 날개했던 백마로 갈기하는
그리움

두둥실 남으로 떠가는 구름을 보면
어머님에겐 듯
아내에겐 듯 유심으로 띄워 보내며
마음의 안부를 담아본다

먼 고향이듯

영하 11도의 한파에 막혀
당신에게 가기로 한 계획을 부득이 연기했소
아파트 리모델링에 한 달여를 매달리더니
무리를 했던지 박 목사가 독감에 걸렸소
연기의 소이 이러하나 마음은 벌써부터
에덴 파라다이스에 가 있었소

사는 일에 충실이 이러하니 다행이오만
당신에겐 미안함이 크오
다음 주엔 꼭을 되풀이한 지 몇 차례
반년여가 돼버렸소
주말에서 월말로 조정한 나들이도
지키기가 이리 힘들다니 섭섭함이 크오

다인이는 당신 앞에서 낭송할 시를 접어
내심 섭섭한 눈치였소
다음 주엔 만사 제치고 가리다
에덴 파라다이스는 이제
가까이 마음 하면서도 먼 고향이듯 향수하는
그리운 곳이 되어버렸소

∞

얼마를 더 내려가면
그중 깊이에 가 닿을 수 있을까
외로움

얼마를 더 멀리 오르면
그중 높이에 가 닿을 수 있을까
그리움

외로움과 그리움은
가 닿을 수 없는 두 극
극과 극은 통한다 했던가

허사(虛辭)
더 깊이 더 높이 간격만 늘리는
양극일 뿐

살아 있다면 외로움도 그리움도 저만치일 뿐
대상이 없으니 극과 극은
옆으로 뉘어 놓은 아라비아 숫자 ∞ 무한대

? ?

아내는 1주일을 굶다
8일 만에 세상을 하직했다

간 기능 손상으로 음식을 받아들이지 않아
운명을 기다려야 했던 최악의 상황

최악의 상황에서도 나는 먹어야 했던 것이 최선
이런 극과 극을 무엇이라고 해야 하는가

기아로 운명을 앞에 한 아내를 두고
눈물로 밥을 말아 삼켜야 했던 형벌

형벌 아닌 천벌 차원의 아픔이 억울했다
그런 죄를 지은 적이 없었기 때문

맑은 정신, 또렷한 의식으로
스스로의 마지막을 맞았던 아내

"다른 방법은 없을까"에도
아무것도 해줄 수 없었던 무기력한 남편

무엇이 악이고 무엇이 선이었으며
무엇이 진이고 무엇이 허였을까

그렇게 아내를 보내고도 나는 잘 살고 있다
아내 몫까지 살아주기 위해서라며

이 또한 어느 것이 참 삶이고
어느 것이 참 삶이 아니란 말인가, 찍히느니??

미처 몰랐어

그래
내가 하루하루 즐겁고 보람 있게 살아야
간 아내도 천상에서 좋아할 것이란
제자의 말이 맞는 말이었어

간 아내는 건강하지 못했으니
대신 내가 건강하고
아내 몫까지 잘 살아야
아내에게 보답한다는 걸 미처 몰랐어

슬퍼하고 그리워하고 아파하는 일
아내가 바라지 않는다는 걸
미처 몰랐어
아내가 내려다보며 건강하길 바란단 것도

아내에게 못다 해준 것들
더 잘해주지 못한 것들
건강하게 잘 사는 것으로 대신한다는 걸
미처 몰랐어

이제 알았으니 실천할 일만
더 건강하기 아프지 않기
더 즐겁고 행복하고 무탈하게 살기
그래야 아내에게 빚을 갚는다는 이 평범한 사실을

부질없음의 행복한 미소

비 오는 날이면 창가 서성이는 버릇
버릇대로 떠올려보는 간 아내의
비 오는 날의 주어였던
'비가 와서 어쩌'

우산을 투창처럼 꼬나들며
'걱정 마' 돈키호테가 되어
배웅 받던
가버린 날이 그리워서일까

비 오는 날이면 아무것도 떠올려 볼 수 없는
무심보다는 가버린 날
유심으로 떠올려 보는
부질없는 잡사(雜思)의 한 컷을 나는 좋아한다

평생 허름한 구옥에서 살았던 연고로
비가 오면 비설거지할 것이 많고 귀찮아
수원비니 미국비니
비투정을 했던 비 오는 날이

투정 아닌 떠올려 보는 부질없음으로
우수를 달래는 미소가 되다니
부질없음도 행복한
미소가 될 수 있는 소이다

※ 수원비 : 비가 올 때마다 비설거지를 하며 원수 같은 비
　를 거꾸로 했던 말.
※ 미국비 : 친미(親美) 감정에 빗대어 어순을 바꿔 미친비
　로 표현했던 우리 집의 은어.

불효
  - 어머님 영전에

남편을 일찍 보내셔야 했던 어머니는
남편에게 다하지 못하셨던 사랑을
자식에게 쏟으셨다
소이로 어머니의 자식 사랑은
200%의 사랑이었고 나는
그런 어머니의 사랑을 받고 자란
어머니 사랑의 전부였다

어머니에 대한 사랑을 그 반이라도
갚은 자식의 효도 있을까
갚지 못한 불효가 전부였던
자식의 불효, 나는 그런 불효자였다
철들수록 불효는 한 짐 무게였고
그 짐을 부려놓을 기회를
가신 어머니는 가지고 가셨다

어머니의 지아비 아버지는
빛을 피해 어둠만 골라 디뎌야 했던
시대의 불행을 살다 가셨다
연유로 어머니의 계절은 우계를 피할 수 없었고

내 우산받이가 어머니셨던 소이가 이러했다
비를 눈물로 적시며 살아야했던 자식이 나였고
나는 어머니의 양지가 되어드리지 못했다

죽는 날까지 불효 못 면한 소이가 이러했고
그런 소이로
불효자는 울어야 했다

불효자는 웁니다
―어머님을 아버님 곁으로 모시며

한나절 햇볕과
한사발 생수를 청해 드시곤
이내 있는 힘을 다해 포효하듯
어머니를 부르시다 어머니 곁으로 가신
어머니를 나는 어머니의 어머니 곁으로
보내드려야만 했었다
삼월 삼짇날 제비 돌아오는 날이었다

어머님 가시고 어머님에게서 받은 은혜와
사랑을 갚지 못했고 받은 사랑보다
더 많은 불효만을 안겨 드렸다
한 번도 편하게 해드리지 못했고
행복하게 해드리기는커녕
마음고생만을 안겨 드리다 어머님을
어머니의 어머니 곁으로 보내드려야만 했다

평생을 벗어놓지 못한 불효라는 수의의
나는 보은에 보답하지 못한 죄인이었고
마음의 복당에서 수인으로 살아야만 했다
찾아뵙는 것은 추석이나 설 명절뿐

올해는 꼭 올해는 꼭을 수삼년 되뇌면서도
어머님을 아버지 곁으로 모시지 못했다
그 불효가 어찌 작은 죄라 하겠는가

어머니, 더 큰 죄 면코자
비로소 아버님 곁으로 모시오니 용서하소서
아버님과 함께 영면하소서
불효자는 우옵니다

비 오는 날·1

우수(雨愁)여서인지
우수(憂愁)여서인지
비를 몹시 좋아한 모양이다
창 밖 빗선을 긋고 가는 겨울비 속에
웃고 있는 얼굴 하나 있다

실존일 수 없으면서
가슴에 영원히 존재하는
세상에선 가장 가까웠던 얼굴이다
비에 젖지 않는 걸 보니
내 가슴이 젖었음일 듯싶다

에덴 파라다이스
구경에도 못가 봤더니
빗길 천리가 젖고 있다
젖은 길 젖은 마음으로 찾는
젖은 우수

젖은 빗방울이 똑똑똑
노크를 하듯 두드린다

"나 왔어"
비 오는 날의 주어였던
그 주어가 듣고 싶다

비 오는 날 · 2

나란히 함께 걸었던 그 길을 걸었다
그날도 비가 오는 날이었다
나리꽃이 피어 비에 젖고 있었고
꽃을 좋아했던 아내는 예쁘다며
한참을 꽃 앞에 서 있었다

우수 지났으니 봄기운 느껴지는데
나리꽃이 피기엔 한 철을 더
기다려야 할 것 같다
발자국엔 기다림 아닌 가버림이
우수로 찍혔다

비를 피해 전철을 탈까 하다
함께 걸었던 날이 그리워
무악재를 걸어 넘기로 했다
고개엔 돌로 깎은 의자가 놓여 있었으나
기다림이 없었던지 쉬어가는 길손 보지 못했다

여름이면 고개 양켠엔 능소화가 피었다
꽃말 좇아 기다림으로 피어 있는 꽃 앞에

어느 길손의 발길 멈춰 기다림을 나눴을까
지금은 내가 기다림이 되어
꽃으로 핀 그리움의 길손이 되어 본다

사랑 말고

못 잊어 그리워하는가
그리워 못 잊어하는가
못 잊음과 그리움
가슴에 코일로 감기면
자장으로 모자이크된
얼굴 하나 있다

지워지지도
잊혀지지도 않는 얼굴에 새겨진
표정으로 하는 말
표정으로 읽는 말의
의미는 무엇인가

말없이도 말이 되고
표정 없이도 의미가 되는
말과 표정을
넘어선 곳에서만
읽을 수 있는
영통(靈通)의 언어

못 잊어 그리워하고
그리워서 못 잊어 하는
그 끝닿은 곳에서만
읽을 수 있는 말
사랑 말고 또 있던가
사랑 말고

산에 걸린 옛길

날씨가 좀 더 풀리면 결행하고 싶었다
옛길을 걸어 보기로 했다
독립공원에서 자락길을 돌아
서대문구청 폭포로 넘어가는 길이다

한성과학고 초입에서 7부 능선에
오르는 길을 가팔랐다
알맞게 숨이 차오르는 휴식처에서
멀리 보현봉을 마주했다
마주하자 옛날 시집 『산사기행』을 보냈더니
한번 올라오라는 정덕 주지스님의
말씀도 떠올랐다

내자와 함께 형제봉 능선을 따라
보현봉에 이르는 길을 동행했던 옛도
향로봉에서 비봉, 비봉에서 보현봉에 이르는
능선타기 동행도 옛길도 떠올랐다

앞서거니 뒤서거니 나란히 함께
동행했던 산길

그때 함께 올랐던 등정보다 높은 곳으로
아내는 가고 없다
눈으로 산정들을 바라기하면서 뒤돌아보는
옛날들이 늙은 세월로 발자국을 찍으면서
동행해준다

알맞게 차오르는 숨길
가빠하면서도 마다않고 따라주던 아내
그때가 행복했던 시절이었던 것을
옛날로 돌아가 가슴으로 걸어보는 산허리 옛길

상쇄했다

수천 권의 시집과 잡지를 버렸다
마음이 아팠으나 오랜 숙제를
해버린 것 같아 홀가분한 마음이기도 했다

한 권 한 권 따지면 수천만 원
버릴 때는 값은커녕 웃돈을 얹어줘도
기쁜 기색이 없는 폐품이다

간 아내의 주머니를 털어 출간했던
시집들을 무더기로 버리면서 아팠다
아픈 마음 달랠 수 있는 길은 딱 하나

여보 미안했소, 미안했소 뿐이었다
그리 미련하게 수천 권씩을 출간하다니
지혜라곤 씨가 말라버린 탓

비싼 수업료를 치렀다
그런 대로 국립도서관 국회도서관 한국문학관에
영구보존 될 수 있어서 위안이 됐다

헛짓거리는 아니었구나
나름의 충실이 값함도 됐구나
버린 아까움을 영구보존으로 상쇄해서 달랬다

슬픔에서 고마움까지

'슬프다'는 말 '고맙다'로 바꾸는데
2년여가 걸렸다
슬픔이 가신 것이 아니라
고마움을 깨닫는데 그리 걸렸다

소이로 매사 '고맙다'를 입에 달고 다닌다
싫지 않을 뿐 아니라
되레 기쁨으로 충만함이 되어
마음까지 너그러워진다

조그마한 배려에도 '고맙습니다'
평범한 친절에도 '고맙습니다'
고맙다란 말 익히는데
그리 오랜 세월이 필요하지 않았다

고마움과 감사함이 크게 다르지 않을 듯
해서 의미 구분을 할 필요가 없을 듯
고마움, 감사함 되풀이할수록
따라오느니 고마움과 감사함

매사 고맙고 감사하다보면
마음 열리고 열려 너그러워져서 좋다
고마움과 감사함이
슬픔의 그늘을 거두어감 때문일 듯싶다

신촌 세브란스 암병동을 지나며

국내 최대의 매머드 암병동
신촌 세브란스 암센터는 아내가 입원했던 곳
간 아내를 생각하며 지나간다

오늘은 또 몇 사람의 암환자가
삶에의 기대를 걸고 들어왔다
몇 사람의 환자가 절망을 안고 나갔을까

70이 넘은 암환자는
수술도 방사선 치료도 권하지 않는다는
주치의 말이 떠오른다

수술하고 방사선 치료를 하며
아픔의 고통으로 연명하나
암 그대로를 받아들이며 연명하나 같다는 지론

오늘은 몇 명의 환자가
절망과 희망의
두 갈래 길에서 헤매였을까

삶과 죽음의 간이역
신촌 세브란스병원 암병동을
암으로 간 아내를 생각하며 지나간다

쌍생아

그리워서
외로웁고
외로워서 그리운
외로움과 그리움은
한 뿌리에서 태어난
쌍생아

칭얼대는 하나도
달래기 힘겨운데
쌍생아라니
복이 많음인가
부덕의
소치인가

따져 뭣하랴
당신이 남기고 갔으니
곱게곱게 기를밖에
길러 쌍둥이
아빠 노릇에
충실할밖에

세상은 어린애 기피증으로
몸살인데
쌍생아면 무망지복(毋望之福) 아니던가
함께 길러 외로움
그리움 달래라는
복덩이들로 알고 안고 업고 기르려니

아내여 감사한다

세브란스를 가지 않아도 되는 날은
하루의 구속된 일정으로부터 해방된 듯
마음이 여유로워서 좋다

아무 구애됨이 없으니
심청신한(心淸身閑)의 한때가
한가해서 좋다

한가를 철학의 어머니라 했던가
철학을 사고(思考)의 현미경이라 했던가
여러 접어두었던 잡사(雜思)들이 벗하잔다

잡사 중 그중 간절하게 떠오르는 생각이
간 아내 생각이다
생각할수록 고맙고 감사할 뿐이다

소이인즉 날마다 증식되는 주식
그리움을 주고 갔고, 상속세도 부가세도 없는
최양질의 유산을 남기고 갔기 때문이다

그리움을 낙원에서 쫓겨나지 않는
유일함이라 했던가
유산과 함께 이 보너스 또한 행운 아니던가

지금 누리고 있는 한가의 시간 또한
에덴에 값하는 귀한 하루치의 행복이 아니던가
고분지통을 행복으로 주고 간 아내여 감사한다

아내의 일기장을 읽고

먼저 간 아내의 일기장이
또 눈에 띄어
밤늦게까지 읽었다
아이들 대학생 셋에
남편까지 학위를 한다고
설치는 통에
정신없이 살아야 했던 때의 아픔들이
고스란히 행간에 스며 있었다

읽으며 내내 "미안했소"
"고마웠소"만을
되풀이했다
자신을 희생, 자식들과 남편의
뒷바라지를 마다 않았던 고마움을
삼켜야 했다
행복했었단 기록보다
힘겨웠다는 기록들

철들지 않았던 내가
그 속에 있었고

아이들을 위해 우산을 쓰고 있는
아내가 거기 있었다
불행했다는 말 대신 더 잘해주고 싶었다는
일기 한 구절이 가슴에 화인으로 찍혔다
"미안했소" "고마웠소" 밖엔
할 말이 없었다

어머님을 선영으로 모시면서

벽제 공원묘지에 모셨던 어머님을
고향 선영의 가족묘지로 모시기로 했다
그간 외로우셨을 것을 생각하면
불효가 너무 컸다
해마다 올해는 내년에는 하면서도
실천하지 못했던 무거운 가슴을
내려놓은 것 같아 가뿐하다
불행했던 시대의 아픔을 안고 가신
어머님을 아버님 곁으로 모시는 일이
그리 무거운 짐이었다니
다행히 손주의 결단으로 고향으로 모시게 돼
자식의 도리를 다한 것 같아 기쁘다
한 시대의 풍운아셨던 아버지의 비극도
항상 우산을 받쳐 들고 계셨던 어머님의 우계도
함께 걷힌 것 같아 불효는 컸지만
깎인 면목을 회복한 것 같아 기쁘다
큰 불효를 면한다고 생각하니
이 또한 부모님의 음덕일 듯싶다
아프고 불행했던 두 분의 전생을 접으시고
영혼으로 함께 하신 합장

편히 영면하시기를 빌어 올리며
다시 한번 불효의 사죄를 올립니다
아버님 어머님
할아버지 할머니 계신 곳에 함께 하셨으니
부디 편히 잠드소서

에덴 파라다이스 · 1

소천한 혼은 천상에
육신은 여기 편히 쉬시거니
에덴 파라다이스

한 생 육신을 거두신 곳에서
새로이 영적 삶을 주신
에덴 파라다이스

영원한 안식과 평온과
생과 사를 넘어선 곳
에덴 파라다이스

지상과 천상의 간이역
영통 영육의 대합실
에덴 파라다이스

에덴 파라다이스·2

이곳은
이 세상에서 가장 사랑했던
내 사랑이 쉬는 곳
에덴 파라다이스

낙원에서 쫓겨나지 않는
유일함을 그리움이라 했던가
영원한 안식과 그리움이 살아 숨 쉬는 곳
에덴 파라다이스

사철 향그런 바람과
꽃향기 스쳐 지나가는
양지바른 영지(靈地)
에덴 파라다이스

지상이면서 천상이고
천상이면서 지상이 함께 하는
고운 혼들과 아름답던 생들이 쉬는
에덴 파라다이스

에덴 파라다이스 · 3

그리움 따라서
외로움 밟고 가는
그대 찾아가는 길엔
이팝 꽃잎 날립니다
날리는 꽃잎마다
꽃비 되어 적시는
가슴엔 그대 얼굴
그리운 그대 얼굴
동행하고 찾아갑니다

에덴
에덴
에덴 파라다이스

부르면 대답 대신
반기며 웃는 얼굴
수국도 피어 반기는
에덴 에덴
파라다이스
그리움 따라 왔다가

외로움 밟고 가는
돌아서 가는 길엔
그대 모습 따라옵니다

에덴
에덴
에덴 파라다이스

에덴 파라다이스 · 4

그리움 따라서
외로움 밟고 가는
그대 찾아 가는 길엔
이팝 꽃잎 날립니다
날리는 꽃잎 꽃잎
꽃비 되어 적시는
가슴엔 이 가슴엔
그리운 얼굴 하나
얼굴 하나 동행하고
갑니다
에덴 에덴 에덴
파라다이스

부르면 대답 대신
반기며 웃는 얼굴
수국도 피어 웃네
따뜻한 그대 미소처럼
웃으며 반깁니다
에덴 에덴 에덴 파라다이스
그리움 따라왔다가

외로움 밟고 가는
돌아서는 발걸음마다
그대 모습 밟힙니다
에덴 에덴 에덴
파라다이스

에덴 파라다이스 · 5

그리움 따라
외로움 밟고 가는
그대 찾아가는 길엔
지는 이팝꽃 꽃비가
가슴을 적십니다

진달래 산허리 돌아 들어서는
에덴 파라다이스
부르면 대답 대신 그리웠던 웃는 얼굴
마주한 가슴에 꽃잎 되어 핍니다

가시네사 좀 슬픈들 어떠리
당신 시구 읽으며
내사 좀 슬픈들로 고쳐 부르며 찾아가는
에덴 파라다이스

그리움 따라왔다가 그리움 밟고 돌아가는
외로움 앞세우고 왔다가
외로움 뒤로 하고 돌아서는
홀로 돌아서는 길 에덴 에덴 파라다이스

영통의 언어

하루를 침묵으로 보낸 날일수록
영통의 언어로 소통한다
발성도 메아리도 없으면서
언어가 되고 언어가 되어 통교하는
영통의 언어는 지상과 천상을 잇는
하늘이 허락한 통화다

이 통화로 아내와 더불어 살았던
가장 행복했던 날들을 소환한다
아내가 지닐 수 있었던 가장 아름다웠던
모습과 함께 가장 행복했던 날들을 공유한다
불행했던 날들 어찌 없었겠는가마는
영통의 해후에는 커트된다

행복했던 날들도 다 소환하지 못한 소이지만
천상엔 불행했던 날들이 없기 때문이다
외로움과 그리움은 영통 이전의 몸의 언어
기쁨과 행복만이 소통되는 언어는 정신언어다
종일을 소통해도 무료다
통화량이 많을수록 축복으로 보너스가 주어진다

옛길을 걸으며

같은 길을 걸어도
동행 없이 홀로 걷는 길은
더디고 팍팍하다

뭔가를 주고받으며
어깨 나란히 걸었던 동행길
홍제천 천변길을 오늘은 홀로 걷는다

그날들처럼 오리 부부 입질 부지런하고
낙오된 듯싶은 새끼 해오라기가 환기시킨
외로움이 컷으로 인화된 듯 지워지지 않는다

길동무 아닌 인생의 반려자를 잃어버린
홀로 걷기
발길에 차인 옛들이 발자국으로 찍힌다

우수로 가는 길

우수를 앞두고 겨울과 봄이 기싸움이라도 하듯
한나절은 비 한나절은 진눈깨비를 뿌렸다

영상의 기온으론 봄 빗선으로 내리는 눈은 겨울
이었다
그 어중간으로 계절은 교차하고 있었다

유리창 밖 시계는 흐렸고 흐린 시계 저쪽으로
길이 하나 에덴 파라다이스로 나 있었다

그리움 앞세우고 외로움 밟고 가는 길이었다
사나운 날씨가 노독에 지쳐 돌아오게 했다

침묵과 침묵 사이로 하루가 빠져나갔고 빠져나간
길을 따라 우수로 가는 길이 젖은 채 누워 있었다

우수 전후
우수(憂愁)인지 우수(雨愁)인지를 동행
우수로 가는 길을 가슴으로 걸어가고 있었다

울울하다

지인의 타계 소식에 우울하다
무엇일까
우울에 겹치는 것이 있는지
울울하다

무엇일까 딱히 떠오르지 않는다
가슴이 납덩이가 되는 날엔
삶의 무게랄까
죽음의 무게랄까가 겹치기도

겹치기란 게 무엇인가를 올려
포개는 중첩이 아니던가
포개지느니 세월
세월의 중첩이면 노구로 나이테가 감김일 터

가야할 날의 다가옴과 함께
다가가야 함이
다가오고 다가감도
중첩이 되는구나

날개도 접히고
의지도, 신명도, 욕망도 다 접혔으니
접힘 또한 겹겹의 싸임으로 무게 하는 것을
겹치기의 무게가 그것이었던 것을

유심 동행

서대문구청을 가려면
동신병원을 지나야 한다
구청과 병원이 나란히 있기 때문이다

동신병원은 치료를 받아본 적도
입원해본 적도 없으니
별 인연이 없는 병원이다

인연보다 악연이라고나 할까
마지막 아내가 소천한 병원이
동신병원이었기 때문이다

말 한마디는 물론
눈 한번 맞춰보지 못한 채
패혈증으로 아내는 갔다

내가 여직껏 아내를 보내지 못한 건
보낼 수 없었던 건 마무리가 없었던
말로도 눈으로도 보내지 못했기 때문이다

삶과 죽음의 갈림길이 이리 비정했으니
제대로 보낼 수나 있었겠으며
제대로 떠나기나 했겠는가

잡지 제호 변경 건으로 구청을 찾아
동신병원을 지난다
어찌 무심할 수 있겠는가

아내 간 뒤로 꽃 한 송이 구름 한 점도
무심에서 유심으로 바뀌었다
존재한다는 것에 대한 소중함을 안 까닭이리라

돌아오는 길은 짐짓 아내와 함께 걸었던
홍제천 천변길을 홀로 걸었다
발자국은 찍히지 않았지만 유심이 동행했다

이러했던 것을

없다
내 곁에 없다
어디에고 없다
이 세상엔 없다
한 사람의 비어 있음이
온 세상의 비어 있음과 같다
세상을 채우고도 남을 유(有)였음일까
있을 때는 몰랐던 가버린 후에야 안
무 아닌 유
유(有)가 유(you) 되는 소이가
이러하구나

이런 날엔

풍속이 얼마쯤인진 알 수 없지만
풍향계가 정신 차릴 수 없을 지경이었을 것 같다
기거하는 내 녹거 누옥은 정면 북풍받이
풍세가 느껴지면 유난히 덜거덩거린다

곁에 아내 있었을 땐 함께 적청 나눠줘서 그런대로
위안이 되었는데 지금은 독거
신경이 쓰인 만큼 불안하다
온밤을 흔들 것을 생각하면 마음 안 편하다

지은 지가 남북적십자회담 때이니
반세기도 넘은 것 같다
낡아 비가 새는가 하면 덜컹대는 유리창이 진동
떨어지기라도 하면 어쩌나 불안하다

깊은 잠들긴 틀렸고
구겨졌다 펴졌다를 되풀이하는
마음 달래며 불면의 밤이 될 것 같다
추워도, 바람 불어도 걱정
간 내자가 그리운 소이다

이름 하나 얼굴 하나

마음이 차가울수록
그중 깊은 따뜻한 곳에 간직한
이름 하나
얼굴 하나 있네

추울수록 따뜻해지는 체온만이
그중 깊은 곳에 간직할 수 있는
이름 하나 얼굴 하나 있네
지금은 가버리고 없는

어찌하여 가버린 것은
아름다울까
가버렸기에 아름다울까
다시 돌아올 수 없기에 아름다울까

따뜻한 그리움으로
그중 따뜻한 곳에
따뜻한 체온으로 간직한
이름은 사랑

그런 이름으로 그런 사랑으로 살다 갔거니
가곤 다시 돌아올 수 없거니
마음이 차가울수록 따뜻한 곳에 간직한
이름 하나 얼굴 하나

이리 듣고 싶을 줄이야

재촉해 돌아가는 발걸음을
눈으로 보내면서
기다림이 행복한 시간이었던 날들을
되돌아본다

은행 순례를 끝내고 퇴근길에 맞춰
돌아오는 아내를 기다리며
별일은 없었겠지 염려 삼아
귀가를 기다리는 시간은 긴장의 행복이었다

어스름녘이면 도지는
부질없는 기다림인 줄 알면서도
서성이며 창밖을 내다보는 버릇
면할 때가 넘었는데 넘지 못하고 있다

가버린 날들에의 그리움
지난날들이 행복했기보다
기다렸다 반김이 하루치의
행복에 값했던 때문이었던 듯싶다

"여보 나 늦었어"
한마디로 기다렸던 긴장이 풀리면서
안도의 한숨으로 맞는 반김이 하루치의
행복이었던 것을
그 목소리가 이리 듣고 싶을 줄이야

이장(移葬)

45년 만에 어머님을
아버님 곁으로 모셨다
정장 45년
어머님이 외로우셨을 걸 생각하면
불효가 크다

딴엔 고향 선영으로 옮기고 나면
한 해 두 차례 성묘가 10년에도 한 번
못 가볼 것 같아서였다
곁에 모신 효보다
불효가 더 컸다

철이 늦게 들었음이니 용서를 빌밖에
대신 아버님 곁으로 보내드렸으니
내 소임은 다한 셈이어서
이로써 조금은 불효가 덜어질는지
생각해 본다

마음은 홀가분한데 어째서
이리 아득한 느낌일까

아득함이야 소천도 매한가지
영혼 옮기기가 이리 힘든 것인 것을
멀수록 그리운 것이 된다는 것을 터득한다

잘 살고 있소

당신은 천상에 있고 나는 지상에 있으니
아직 지상에서 할 일이 남아있음이고
남아있으니 지상적 존재로 살아갈밖에 없소
다만 하늘의 이치를 좇는 착한 백성이니
하늘의 뜻에 따를 수밖에 없소

당신이 하늘나라로 갈 때 내게 주고간 것이 유산
주식으로 치면 수백만 주쯤은 될 것이고
날마다 주식의 시세는 올라 기하급수적으로
늘어나고 있소
여러 주식 중 그리움이란 주가가 그러하오

나는 하늘에 조공하기를 좋아하는 백성이오
날마다 증식한 만큼은 하늘로 올려보내오
내 유일의 지상의무이고 의무에의 충실이오
그 대가로 나는 낙원에서 쫓겨나지 않아도 되는
그리움이란 특권을 지녔소

당신은 하늘나라에 있고 나는 지상에 있으니
세계는 다르오만 늘 길이 열려있어 왕래하오

그리움이란 통로요, 통과세도 없는
하늘을 받들고 살면서도 낙원에서 살 수 있는
자산 그리움, 이만한 무망지복이 어디 또 있겠소

장마철 내내

비가 오면 생각나는 그 사람이 아닌
떠오르는 얼굴이 있다
걱정과 미안으로 주름진
근심스런 표정의 얼굴이 있다
주름져 예쁠 것도 없는
내 우계의 초상
아예 그리움이 되어버린 초상과 함께
주어가 되어버린 "비가 와서 어쩌"도
다시는 들어볼 수 없는 귓가에 맴도는 그리움
그리움이란 게 보고 싶어 그리는 마음 아니던가
가고도 그리움이 되어준 고마움 알지만
못 면하는 마음앓이 소환될 듯싶어서
더구나 비 오는 날이면 도지기 쉬운
장마와 겹친 내 우계(雨季)
웃자라느니 그리움뿐이겠구나

저물녘

초동우 지나간 자리
초동설 발자국 찍으며
어스름 몰고오면

창가 서성이며
호호 불어 유리창에
써보는 이름

기다리고 기다려도
못 오는 걸 알면서도
혹여나 문 여는 소리 들릴세라

쫑긋 귀세워보는 저물녘
서운한 마음 접으며
함께 접어보는 하루의 허무

정신으로 말하기

아프다느니 슬프다느니
그립다느니 등
육체로 하는 말 지양하기로 했다

고맙다, 감사했다, 미안했다
행복했었다 등
마음으로 할 수 있는 말로 바꾸기로 했다

육신은 떠났으니
남은 건 정신뿐
영통하는 법이 달리 또 있겠는가

하기도 좋고 더 진솔하고
고통스럽지도 않고
편한 말이 더 잘 통할 수 있는 진실

육신으로 할 수 있는 말
간 아내에게는 들리지 않았을 듯
허니 정신으로 말할 수밖에

"고마웠소"
"행복했었소"
"미안코 감사했었소"

젖어보면 안다

비 오는 날이면
유리창 안에서도 젖는다
젖어보면 안다
외로움과 그리움이
한 뿌리에서 태어난 두 얼굴이란 것을
어찌하여 하나인 얼굴이
두 얼굴로 표정할까
마음 따로
가슴 따로
각기 표정 달리함 때문일까

옛날에도 그랬듯이
젖은 마음 외로움으로
젖은 가슴 그리움으로 달리했던 표정
정은 한 뿌리인데 표정은 둘인 소이
비 때문일까 비에 젖은 때문일까 젖어보면 안다

주말기(週末記)·1

주말 나들이 에덴 파라다이스 행을 접었다
청탁원고들이 접힌 행 대신 펼쳐졌다

칸칸이 메워지면서 찍힌 것은
발자국이 아닌 평설로 찍은 시의 발자국이었다

작심하고 갈긴 필력엔 옛 광기가 동행했으나
에덴 파라다이스 행 아닌
시론의 신작로였다

두 편의 평설이 끝나는 곳에 기다리고 있는 목로
오래 삼가오던 잔으로 갈기를 적셨다

목마름 가신 듯 나들이 대신 원고지 행간에 배인
노독 같은 것들이 풀리는 듯했다

시작의 호기로움과 달리 마무리로 맛본 허탈이
한 사발 주정보다 독한 듯했다

주말기(週末記) · 2

내 말년은 거꾸로 살이 같다
한 주의 삶에서 벗어나 휴식을 취하는 주말이
내겐 한 주의 마무리가 아니라
한 주의 시작이다

밀린 일 밀어둔 일들을 토·일에 끝낸다
흡사 주부가 빨랫감을 밀쳐뒀다가
주말이면 세탁하는 것과 같다
그리 보면 시작과 마무리가 주말의 몫이 된다

매일매일 주어진 일과는
일당을 챙기는 일과
주어진 책무를 수행하는 일이다
소이로 해서 본업은 주말 몫이 되기 일쑤다

동업자의 처지도 비슷해서
주말에만 일을 같이 한다
다만 다른 것은 동업자의 경우는
본업은 주중에 하고 부업이 주말 몫이란 점이다

서로 다른 삶끼리 궁합이 잘 맞는다
본업과 부업의 몫은 다르지만
주말을 활용하는 목적은 다르지 않고
이해관계가 일치한다

남들의 휴식기간에
나와 동업자는 많은 일을 해치운다
다른 듯 같고 같은 듯 다른 행보와 행보의
동업자와 나는 동행자다

주말께면

주말께면
에덴 파라다이스 생각으로 가득하다
가지 못하는 날의 짠함은 이 때문이다

안타깝게 뉘우쳐
언짢음이 짠함 아니던가
가슴에 사랑과 그리움을 지녔음이다

그립고 보고 싶은 정
가슴에 지닐 수 있고, 지녀
짠함으로 자장하는 가슴을 나는 사랑한다

슬프고 아팠던 날들을
내공의 숙성으로 발효 극복했음이고
극복을 사랑의 힘으로 믿고 사랑함 때문이다

주말께면 어김없이 도지던
아픔도 슬픔도 아닌 미안함
미안함도 사랑이란 걸 알고 더욱 사랑한다

주말의 시 · 1

엄마의 일기장을 읽었다며
딸애는 또 울었다
사연이 슬퍼서가 아닌
모정이 그리워서 이리라

엄마 그리는 정
아내 그리는 정이 어찌 다르랴
같음이니 나도 따라 울 수밖에
다만 눈물을 꿀꺽 삼키며 운다

주말이면 사향이듯 도지는 그리움
에덴 파라다이스가 낙원이어서보다
낙원에서 쫓겨나지 않는 유일한
그리움을 지녔기 때문

눈물처럼 빨리 마르는 것도 없다던가
젖을 줄만 알고 그칠 줄 모르는 눈물
지금쯤 면역성 생겼을 법한데
아니다, 되레 흐를수록 다디달다

주말의 시 · 2

구정 맞이하고도 손주 놈 월남 행에
박 목사 이사까지 빡빡한 일정에 쫓겨
2주여를 보냈다
아내의 사진을 쳐다보기가 미안했다
마음은 지척인데
그리움으론 하루에도 몇 번의 왕복인데
몸이 따라주지 않는 유보에 유보를 거듭한
일정은 뜻과 같지 못했다
그럴 때마다 노랫말을 붙여볼까 하고
써놓은 가사에 가락을 얹어보곤 한다
꽤 쓸 만한 노래가 될 것 같아
작곡을 의뢰해볼 작정이다

그리움 따라서/ 외로움 밟고 가는
그대 찾아가는 길엔/ 이팝꽃잎 날립니다

하루에도 몇 번씩 속으로 불러봐선지
악보에 올리진 못했지만
이미 곡이 만들어진 상태다
작곡가가 선정되면 곡을 다듬어

내가 불러보고 싶다
종일을 혀끝으로 굴려보는 음정이며 박자가
소리로 조율될지는 미지수
젊었을 적 아내와 같이 불렀던
<소나무 우거진>도 불러보고
<부용산 오리길>도 불러본다
에덴 파라다이스에 가지 못한 미안의 표시 겸
그리움을 달래기 위한 수작일 듯도 싶다

주말의 시·3

주말 나들이에서
월말 나들이가 되더니
이젠 계절 나들이가 될 듯싶다
이런 추세라면 추석과 설
연 2회 나들이로 굳어질 공산도

주말이면 몸 따로 마음 따로
몸은 사무실에 눌러앉아 침묵 벗하고
마음은 그리움 앞세우고
에덴 파라다이스 행이다
아직까진 변함없으니 의에는 이상 없는 듯

의(義)를 옳은 행위라 했던가
행함 없이 마음만으로도 의가 되는가
아닐 듯, 행함 없는 마음만으론
의사의(擬似義) 못 면할 듯
주말의 구겨진 심사는 소이 이래서일 듯

의와 의로 맺었으니
의의 근본 좇아 행함 한 주쯤 미룬다고

흔들림은 아닐 듯
사는 일 앞세우다 보면 산자 몫이 먼저여서
다짐하고 달력 보니 또 동그라미가 그려져 있다

주말이면

주말, 모두들 소중히 쓰는 연휴다
산행이며 나들이며 보람있게 쓴다
남들이 보람있게 주말을 활용하듯이
나도 나름으로 주말을 유용하게 쓴다

유용이라 해봤자
동업인의 아르바이트를 고려
1주일의 일을 모았다가
주말을 이용해 해치운다

주중 가장 바쁜 날이 주말인 소이다
일만이 아니다
주말이면 도지는 가슴엣 것도 있다
나를 낙원에 살 수 있게 해주는 그리움이다

사무실에 앉아서 천리를 돌아오는
그리움 동행하고 가는 나들이는
에덴 파라다이스
주말이면 나를 동행해 주는 그리움이 좋다

처방전 될 듯싶어서

연민, 내가 나를 가엽게 여기는 건지
당신을 잊지 못해하는 것이 가여운 건지
당신을 허망하게 보낸 아픈 마음이 불쌍한 건지
당신을 더 잘해주지 못했던 후회가 연민인지
그 다가 답일 듯, 허니 물어서 무얼하겠으며
답 있단들 무얼하겠는가

주말이면 도지는 연민으로 괴로워하지만
할 수 있는 것은 달리 없어
잘 계시오, 미안하오 고마웠소가 전부
전부에 전부를 더해도 해소될 수도
면할 수도 벗어날 수도 없는
이승과 저승으로 달리하고 있으니 어찌 하겠는가

어지간히 길들여지고 길들여진 대로
다짐해보지만 번번이 정에 꺾이는 이성
정의 충실로 연민을 덕으로 바꿔볼 수는 없을까
덕으로 정 다스렸단 말 못 들어봤어도
정덕(情德) 함께 하면 처방전 될 듯싶어서

하늘과 땅과의 거리

독거의 외로움은 자신과의 한판 승부다
스스로가 쓰러지든지 외로움을 넘어뜨리든지
둘 중의 하나다

그리움은 상대가 있다
지상적 대자관계가 아닌 소천한 아내
승패가 아닌 달랠 수밖에 없는 소이다

이열치열이라 했던가
열은 열로 다스림이니 그리움의
이모치모(以慕治慕)도 다르지 않다

열은 열로써 증발시켜 해소하는 다스림이고
그리움은 억제할수록 증식에 증식을 거듭하는
주체할 수 없는 날개로 일어선다

다스릴 재간이 없음이니
한사코 날려 보내 비워내는 수밖에 없다
날려 보내고 보내도 드러나지 않는 바닥의 깊이

그리움은 하늘에 닿고자 한 향수이고
가 닿을 수 없음으로 영원한 향수다
멀수록 다가가고 싶은 향수의 거리는 천만리

학의 노래

날개
언제부턴가 겨드랑이에 깃털이 돋아났다
날개였다
태어난 곳이 학의동, 학의 날개였다
겨드랑이보다 먼저
마음에 부화했던 학의 날개였는지도 모른다

욕망의 무게 때문에 학은 날지 못했다
그러던 것이 욕망을 버린 곳에서
순수가 바위로 무게하자 나는 연습을 했다
구천을 날기도 하고
소천한 아내가 가 있는 하늘을 다녀오기도 하고
잘 길들여진 전령사의 역할에 충실했다

학의동을 다녀오는 날은 춤도 추고 노래도 했다
방목해 기르던 준마보다 멀리 날고 높이 날고
빨리 돌아오는 애완조 학
내 독거의 외로움을 물어다 버리고
그리움은 업어다 아내에게 전한다
겨드랑이가 가려운 날은 나도 학이 된다

한 마리 짐승

학은 마음속에 기르고
야생마는 가슴속에 기른다

마음 바라기 장천 구만리
가 닿을 수 없으니 학 날려 보내고

가슴에 방목한 그리움 갈기 세우면
야생마에 실려 보낸다

나와
학과 야생마는 동서관계

독거의 외로움 학으로 날려 보내고
독거의 그리움 야생마로 달려 보낸다

나도 한 마리 짐승
날개 펴면 날짐승, 갈기 세우면 길짐승이 된다

한 마리 짐승이다

실감유리(實感遊離)라 했던가
멀리 떼어놓을수록
더 가까이 다가가고 싶은
더 선명하게 떠오르는
얼굴 하나 있다
60여 년을
맞대고 살았던

죽는 날까지는 지니고 살
그리운 얼굴이 아닌
그리움이 되어버린 얼굴
'우리들이 쫓겨나지 않아도 되는 유일한 낙원은
그리움'이라 했던가
나를 그리움이란
낙원에 살게 해준

웃고 있거나 울고 있는
두 얼굴을 야수라 했던가
웃고 있는 얼굴이 그리워 울고 있는 야수면
불원금수(不遠禽獸) 아니던가

나는 웃고 있는 얼굴을 그리워하며
울고 있는
한 마리 짐승이다

허용 안 될 이유 없을 듯싶어서

아내 보내고
주체할 수 없이 밀려오는 슬픔
다스려 본다고 쓴 일종의 조어
이비치비(以悲治悲)를 두고
무슨 뜻이냐고 물어온 제자 있었지

더위로써 더위를 다스린다는
이열치열(以熱治熱)에 빗대어 써본 것이니
슬픔으로써 슬픔을 다스린다쯤이 될랑가
이리되면 고독을 다스린다는 뜻으로
이고치고(以孤治孤)도 될 수 있을 듯

뿐인가
고통을 다스린다는 이고치고(以苦治苦)며
아픔을 다스린다고 이통치통(以痛治痛)
역겨움을 다스린다고 이역치역(以逆治逆)도
주워다 붙이면 성립되는 이치가 아니던가

시란 거짓말일 수도, 시인이란
거짓말할 수 있는 권리도 가진다 안 했던가

뜻으로도 통하고, 암시나 비유 상징으로도 통하는
만능통의 언어미학이 시 아니던가
조어라고 허용 안 될 이유 없을 듯싶어서

우계음집(雨季吟集)

2024년 8월 15일 인쇄
2024년 8월 25일 발행

지은이 / 박진환
발행인 / 박진환
펴낸곳 / 조선문학사
등록번호 / 1-2733
주소 / 03730 서울 서대문구 통일로 389(홍제동)
대표전화 / 02-730-2255
팩스 / 02-723-9373
E-mail / chosunmh2@daum.net

ISBN 979-11-6354-289-6

정가 10,000원

* 인지는 저자와 합의 하에 생략
* 잘못된 책은 서점에서 교환해 드립니다.